Für ....

Von ....

Herzlichen Glückwunsch zur
Goldenen Hochzeit!

GOLDENE
1973 – 2023
HOCHZEIT

Pattloch

1973 – Ihr heiratet

FÜNF GEMEINSAME JAHRZEHNTE

Über ein halbes Jahrhundert lang seid ihr bereits ein Paar – ein beeindruckender Meilenstein! Als ihr euch vor 50 Jahren das Jawort gebt, geschieht Bedeutungsvolles auf dem Gebiet der Technik: Frankreich und Großbritannien vereinbaren den Bau eines Tunnels unter dem Ärmelkanal und es wird das erste Telefonat über ein Mobiltelefon geführt. Und während ihr darangeht, euch in eurem neuen gemeinsamen Leben einzurichten, arbeiten auch die Bundesrepublik und die DDR an ihrem Verhältnis. Nach der Unterzeichnung im Vorjahr ratifizieren DDR und BRD 1973 den Grundlagenvertrag, der die künftigen bilateralen Beziehungen regelt. In der Folge werden beide Länder in die Vereinten Nationen aufgenommen. Ein halbes Jahrhundert ist seitdem vergangen. Handys sind längst zum Alltag geworden, die DDR gehört der Vergangenheit an – und ihr beide geht noch immer gemeinsam durch dick und dünn. Eure Goldene Hochzeit ist ein schöner Anlass, auf die gemeinsame Zeit zurückzuschauen. Das vorliegende Buch soll euch dabei begleiten. Viel Spaß auf dieser kleinen Zeitreise!

VERLIEBT, VERLOBT, VERHEIRATET

Die alten Traditionen verschwimmen langsam. Viele Paare verzichten mittlerweile auf die klassische Verlobung. Wie habt ihr das gehandhabt?

ENDLICH GEFUNDEN

Erste, unbeschwerte Begegnungen legen den Keim für eine gemeinsame Zukunft.

TÊTE À TÊTE

War es Liebe auf den ersten Blick oder kanntet ihr euch schon längere Zeit, bevor der Funke übergesprungen ist?

1973

HOCHZEIT

Ihr traut euch!

EIN BUND FÜRS LEBEN

Wahrscheinlich spielt es kaum eine Rolle, ob ihr eure Hochzeit monatelang bis ins Detail geplant oder spontan einen Termin beim Standesamt gemacht habt: Als es endlich so weit ist, steigen die Spannung und die Nervosität. So wie euch geht es in diesem Jahr übrigens noch weiteren 532.021 Paaren in West- und Ostdeutschland. Sie alle geben sich 1973 das Jawort.

Erinnert ihr euch noch an die Einzelheiten? Beispielsweise, ob euch eure Eltern viel reingeredet haben? Und wenn ja, habt ihr euren Willen trotzdem durchgesetzt oder klein beigegeben, um des lieben Friedens willen?

Eigentlich können eure Eltern schon froh sein, dass ihr nicht den ganz modernen Weg geht. Mittlerweile entscheiden sich immer mehr Paare, ganz auf die Ehe zu verzichten, und auch die Hippie-Bewegung hat das Ihrige dazu beigetragen, dass alte Hochzeitstraditionen nicht mehr ganz so ernst genommen werden. Einen ganz praktischen Nutzen hat die Ehe jedoch nach wie vor in der DDR. Sie ist häufig der einzige Weg für junge Paare, an eine eigene Wohnung zu kommen.

FAMILIENFÖRDERUNG

In der DDR werden seit 1972 Ehekredite bewilligt. Wenn beide Partner unter 26 Jahre alt sind und das gemeinsame Monatseinkommen weniger als 1.400 Mark beträgt, haben sie Anspruch auf einen zinslosen Kredit in Höhe von 5.000 Mark.

DREIFACHES GLÜCK

In der Schweiz heiraten 1973 drei Brüder am selben Tag. Da alle drei als Friseur arbeiten, fällt ihren Freunden die Entscheidung über die Spalierdekoration leicht.

DIESES WAR DER ERSTE STREICH ...

Bei den meisten Paaren folgt auf die obligatorische standesamtliche Trauung noch die kirchliche, die dann meistens größer gefeiert wird.

Skandalös!

SEX AUF DER LEINWAND

In Zeiten der Schulmädchen-Reporte – dieses Jahr erscheinen der sechste und siebte Teil der Reihe – ist Sex auf westdeutschen Kinoleinwänden eigentlich kein Novum mehr. Doch dieses Jahr kommen gleich mehrere Skandalfilme heraus, die in anderen Ländern sofort der Zensur zum Opfer fallen. „Das große Fressen" schockiert nicht nur mit derben Sexszenen, sondern außerdem mit ausuferndem Fäkalhumor. Woody Allan verfilmt eine Persiflage des konservativen Sexualkundebuchs „Was Sie schon immer über Sex wissen wollten, aber bisher nicht zu fragen wagten". Marlon Brando kann seine Erfolgssträhne nach seinem Comeback im Vorjahr (in „Der Pate") dieses Jahr mit „Der letzte Tango in Paris" fortsetzen. Hier verschwimmen mitunter die Grenzen zwischen Kunst und Pornografie. Die BILD-Zeitung versucht schon vor der deutschen Premiere das Publikum mit zahlreichen Artikeln zu polarisieren. Nach ihrem Kinobesuch sind manche Besucher dann regelrecht enttäuscht, weil sie nach der BILD-Lektüre mit mehr Porno gerechnet hatten. Der absolute Kultfilm aus dem Osten, „Die Legende von Paul und Paula", entgeht der Zensur nur knapp. Erst nach dem Eingreifen Erich Honeckers wird die Aufführungserlaubnis erteilt. Am Ende sehen den Film in der DDR rekordverdächtige drei Millionen Kinogänger.

IM AUFTRAG IHRER MAJESTÄT

„Leben und sterben lassen" ist der erste Bond-Film mit Roger Moore in der Titelrolle, er kommt am 19. Dezember 1973 in die bundesdeutschen Kinos.

DER MANN MIT DEM SCHMETTERLINGSTATTOO

Steve McQueen spielt die Hauptrolle in „Papillon", dem in westdeutschen Kinos erfolgreichsten Film des Jahres.

WISST IHR'S?

Wer führte in „Der letzte Tango in Paris" Regie?

Antwort: Bernardo Bertolucci

PROTESTNOTE

Sacheen Littlefeather verliest bei der Oscarverleihung einen Brief von Marlon Brando, in dem er seine Auszeichnung als bester Hauptdarsteller in „Der Pate" verweigert, um gegen die Diskriminierung der amerikanischen Ureinwohner zu protestieren.

1973

MUSIK

Glamrock auf dem Vormarsch

SÜSSES FÜR DIE OHREN

Musikalisch beginnt 1973 so, wie das Vorjahr endete: „Ich wünsch mir 'ne kleine Miezekatze" von Wums Gesang alias Loriot dominiert noch immer die Hitparade und wird hoch und runter gespielt. Doch dann betreten vier britische Jungs die deutsche Musiklandschaft. Für The Sweet wird 1973 das erfolgreichste Jahr ihrer Karriere. Gleich drei Nummer-eins-Hits liefern sie ab und können sich mit „Block Buster!", „Hell Raiser" und „The Ballroom Blitz" wochenlang an der Spitze der Charts behaupten. Damit sind die Glamrocker hierzulande sogar berühmter als in ihrer britischen Heimat.

Auf wenig Gegenliebe bei der Kritikern stoßen dagegen zunächst Pink Floyd mit ihrem Konzeptalbum „The Dark Side of the Moon". Im Vergleich zu früheren Alben ist dieses poppiger ausgefallen und wird als „billiger Gebrauchsrock vom Fließband" verrissen. Heute zählt es zu einem der bedeutendsten Alben der Musikgeschichte und erzielt auch 50 Jahre nach seinem Erscheinen noch jedes Jahr zigtausend neue Plattenverkäufe.

Die DDR-Hitparade dominiert dieses Jahr Frank Schöbel. Er ist der erste DDR-Schlagerstar, der auch im Westen erfolgreich ist. 1973 erscheint seine Single „Ich geh' vom Nordpol bis zum Südpol".

TEENIE-IDOLE

Mastermind hinter den musikalischen Erfolgen von The Sweet ist der Songschreiber Mike Chapman, der auch für Suzi Quatro und Smokie textet.

SYSTEMKRITISCH
Die Klaus Renft Combo macht in wechselnder Besetzung schon seit 1958 Rockmusik in der DDR. 1973 veröffentlicht sie ihr erstes Studioalbum. Zwei Jahre später wird die Band verboten.

MASSENTAUGLICH
Ist Pink Floyd jetzt zu poppig oder endlich auch für „normale" Musikliebhaber zugänglich? An „The Dark Side of the Moon" scheiden sich 1973 die Geister.

NUMMER-1-HITS IN DEUTSCHLAND 1973

Wums Gesang: **Ich wünsch mir 'ne kleine Miezekatze** · The Sweet: **Block Buster!** The Les Humphries Singers: **Mama Loo** · Bernd Clüver: **Der Junge mit der Mundharmonika** Gilbert O'Sullivan: **Get Down** · The Sweet: **Hell Raiser** Demis Roussos: **Goodbye, My Love, Goodbye** Suzi Quatro: **Can the Can** · Bernd Clüver: **Der kleine Prinz (Ein Engel, der Sehnsucht heißt)** The Sweet: **The Ballroom Blitz** · Lobo: **I'd Love You to Want Me**

Mini, Midi oder Maxi

AUF DIE LÄNGE KOMMT ES AN

In den vergangenen Jahren wurde viel über Rocklängen diskutiert. Zuerst schockte der Mini-, dann kam der Midi- und zuletzt der Maxi-Rock. Dieses Jahr erlebt der Mini sein Revival, üblicherweise als Faltenrock in Anlehnung an schottische Kilts. Wer trotzdem nicht so viel Bein zeigen möchte, kann zu langen, schwingenden Maxikleidern im Folklorestil greifen. Die sind dann nicht ganz so bunt und wild gemustert wie die restliche Mode, aber dafür mit Lochstickereien und Häkelbordüren verziert.

Eure bedeutendsten Kleidungsstücke dieses Jahr sind wahrscheinlich der Hochzeitsanzug und das Brautkleid. Wofür hast du, die Braut, dich entschieden? Für einen schmalen, schlichten Schnitt mit etwas Spitze oder für ein ganz klassisches üppiges Hochzeitskleid mit viel Tüll, Seide und langer Schleppe? Und du, der Bräutigam? Hast du eine Hose mit weitem Schlag und Schuhe mit Plateausohlen getragen? Beide stehen gerade hoch im Kurs und sind ein typisches Merkmal der 70er-Jahre-Mode.

DAS KLEID DER KLEIDER

In der Brautmode sind gerade schlichte Schnitte in. Noch immer ein absolut klassisches Brautaccessoire ist der Schleier.

GROSSKARIERT
Schmaler Schnitt und auffällige Muster liegen bei den Herren absolut im Trend.

WISST IHR'S?

Welches Kleidungsstück durchläuft in der DDR Anfang der 70er-Jahre einen Wandel vom Symbol der Rebellion zum unverfänglichen Alltagsgegenstand?

Antwort:
Die Jeans

SCHÖN BUNT
Knallige Farben und viel nacktes Bein sind der Inbegriff der Mode in den frühen 70er-Jahren.

Alltagsflucht

AUF IN DIE FLITTERWOCHEN!

Den diesjährigen Urlaub habt ihr euch gleich mehrfach verdient, immerhin ist die Rede von euren Flitterwochen! Doch ein hartnäckiger Streik der bundesdeutschen Fluglotsen durchkreuzt den ein oder anderen Urlaubsplan. Sechs Monate lang machen die Fluglotsen nur noch „Dienst nach Vorschrift" oder melden sich reihenweise krank, denn wirklich streiken dürfen die Beamten nicht, um mehr Personal, mehr Gehalt und bessere Arbeitsbedingungen zu erstreiten. Am Ende fallen 40.000 Flüge aus und weitere 80.000 sind teilweise erheblich verspätet. Ihr seid also nicht schlecht beraten, wenn ihr eure Flitterwochen im eigenen Land verbringen wollt. Die bayrischen Berge und die nord- und ostdeutsche Küste laden Urlauber zum Wandern und Baden ein. Wenn es euch trotz allem ans Mittelmeer zieht, lohnt es sich ausnahmsweise, den Weg im eigenen Auto anzutreten. Dann riskiert ihr zwar, viele Stunden im Stau stecken zu bleiben, aber ihr habt wenigstens die Garantie, irgendwann anzukommen. Und nach einer langen Fahrt im heißen Auto schmeckt das erste Eis gleich dreimal so gut!

SELTENE GELEGENHEIT

Für besondere Verdienste erhalten manche Arbeiter in der DDR das Privileg, eine Kreuzfahrt auf dem staatseigenen Ferienschiff „Völkerfreundschaft" zu unternehmen.

STÄDTETRIP

Wer sich statt für Strand und Berge eher für Kulturtourismus interessiert, kann seine Flitterwochen natürlich auch in der Stadt der Liebe verbringen.

AUSGELASSEN

Möglicherweise sind die Flitterwochen die letzte Reise, die ihr für lange Zeit ohne Kinder unternehmen könnt. Das gilt es auszunutzen.

Essen in Aspik

PARTYSNACKS À LA 1973

Zu einem rauschenden Fest gehört selbstverständlich auch das richtige Essen. Bei privaten Feiern bieten viele Gastgeberinnen mittlerweile lieber ein Buffet als ein Menü an. Hier findet jeder Gast etwas nach seinem Geschmack, die Köchin konnte alles vorbereiten und hat während der Party Zeit für ihre Gäste. Und wenn sie Glück hat, steuern diese sogar noch eigene Gerichte bei. Zu den üblichen Kandidaten eines gutbestückten Buffets gehören Käseigel, Schinkenröllchen, Tomatenfliegenpilze und Schichtsalat. Auf keinen Fall fehlen darf jedoch eine Zutat: Ananas. Südfrüchte sind wortwörtlich in aller Munde, zumal sie als besonders gesund gelten. Seit einiger Zeit bekommt die Ananas Konkurrenz von der noch nicht ganz so weit verbreiteten Maracuja, von Avocado, Mango und Aubergine, die noch mehr den Hauch des Exotischen besitzen, aber auch nicht ganz billig sind. In der DDR spürt man weniger von solchen exotischen Einflüssen. Hier wird die Küche nach wie vor von den Klassikern bestimmt: Soljanka, Kochklöpse und zur Nachspeise Halbgefrorenes.

EIN REZEPT FÜR JEDEN TAG

„Wir kochen gut" ist seit Anfang der 60er-Jahre das DDR-Kochbuch schlechthin. Die Rezepte werden von einem Expertenteam entwickelt und in der verlagseigenen Versuchsküche erprobt.

DIE KLASSIKER

Ein typisches Buffet der 70er-Jahre: Mettigel, gefüllte Eier und Tomaten, Kalter Hund als Nachspeise und vieles mehr.

EINE WACKELIGE ANGELEGENHEIT

Es gibt in den 70er-Jahren kaum eine Zutat, die nicht mit ein bisschen Gelatine veredelt werden könnte.

Trimm dich fit

NEUES AUS DER SPORTWELT

In Waregem, Belgien, findet im März die erste Crosslaufweltmeisterschaft statt. Pekka Päivärinta aus Finnland und die Italienerin Paola Cacchi gewinnen jeweils den Lauf in ihrer Wertungsklasse und damit zugleich die ersten Leichtathletikweltmeistertitel der Geschichte. Bis zur ersten Leichtathletikweltmeisterschaft 1983 vergehen jedoch noch zehn Jahre.
Seit Anfang der 70er-Jahre nimmt der Breitensport an Fahrt auf. Im Kampf gegen den Wohlstandsbauch animiert der Deutsche Sportbund unter dem Motto „Trimm dich durch Sport" die Bevölkerung zu mehr Bewegung im Alltag. Allerorten entstehen Trimm-dich-Pfade, auf denen man an einfachen Fitnessgeräten ein Ganzkörpertraining absolvieren kann.

MEISTERTITEL

Die Fußball-Bundesliga endet dieses Jahr zum vierten Mal mit der Meisterschaft von Bayern München. In der DDR-Oberliga holt sich SG Dynamo Dresden zum dritten Mal den Titel.

Modernes Wohnen

DIE ÄRA PLATTENBAU

Babyboom und Zuwanderung machen sich auf dem Wohnungsmarkt schmerzlich bemerkbar: Die Städte platzen aus allen Nähten. Dementsprechend ambitioniert sind viele der neuen Siedlungsbauprojekte. In der BRD werden ganze Vororte und Trabantenstädte aus dem Erdboden gestampft, riesige Wohnanlagen aus Beton prägen die Szenerie. In der DDR wurde schon vor zwei Jahren ein umfangreiches Wohnungsbauprogramm beschlossen, das jetzt anläuft und nicht nur die typischen Plattenbauten umfasst, sondern auch staatliche Zuschüsse für private Eigenheime vorsieht.
Wenn diese Wohnburgen in Ost und West auch nicht immer höheren ästhetischen Ansprüchen genügen, bieten sie doch erschwinglichen und komfortablen Wohnraum inmitten gut ausgebauter Infrastruktur.

TRABANTENSTADT

Zwar muss man sich in der Großwohnsiedlung wenig Platz mit vielen Menschen teilen, dafür ist die Infrastruktur besser ausgebaut als in vielen Reihenhaussiedlungen.

TRAUTES HEIM

Bei der Einrichtung eurer ersten gemeinsamen Wohnung werden eure Teamwork-Fähigkeiten auf die Probe gestellt. Wer hatte bei der Auswahl der Möbel das Sagen?

Teamarbeit

GELEBTE GLEICHBERECHTIGUNG

Habt ihr euch vor der Hochzeit Gedanken darüber gemacht, wie ihr in Zukunft euren Alltag gestaltet? Laut Gesetz darf in der BRD eine Ehefrau nur berufstätig sein, wenn dies mit ihren Pflichten in Ehe und Familie vereinbar ist. Bei vielen Frauen endet die Berufstätigkeit deshalb mit dem ersten Kind. Schon allein, weil das Betreuungsangebot nicht gut genug ausgebaut ist, um beiden Elternteilen einen Vollzeitjob zu ermöglichen. Anders als bei den Nachbarn in der DDR herrscht in der BRD noch immer die klassische Rollenverteilung in der Familie vor. Es gibt nur wenige Väter, die zu Hause bleiben und sich um Kinder und Haushalt kümmern, während die Mutter berufstätig ist. Das hängt auch mit der Wirtschaftskrise zusammen: Bei den derzeitigen Arbeitslosenzahlen muss man froh sein, wenn man einen Job hat, der die Familie ernähren kann, und Männer haben zumeist die besser bezahlten Jobs.

Und in der DDR? Hier ist die Emanzipation auf dem Papier deutlich weiter als im realen Leben. Zwar gehen beide Ehepartner gleichberechtigt arbeiten, die Hausarbeit bleibt dennoch hauptsächlich an den Frauen hängen, die dafür sogar einen Tag im Monat von der Arbeit freigestellt werden.

CHANCENGLEICHHEIT

Es regt sich Widerstand: Immer mehr Frauen begehren gegen die klassische Rollenverteilung und ungerechte Bezahlung im Beruf auf.

GUT VORBEREITET

In der DDR ist das Beratungsangebot für werdende Mütter besonders gut ausgebaut. Da kann doch fast nichts mehr schiefgehen!

NACHWUCHS

Der Austausch mit anderen werdenden oder frisch gebackenen Eltern legt manchmal den Grundstein für langjährige Freundschaften.

1973

Die Schauspielerin Ingrid Steeger und der Kameramann Lothar Stickelbrucks lernen sich bei Dreharbeiten in München kennen und lieben. Am 17. April findet die Trauung statt. Allerdings hält die Ehe nicht besonders lang. Schon ein Jahr nach der Hochzeit geht Ingrid Steeger eine neue Beziehung ein, 1975 wird die Ehe geschieden.

Der Fußballtrainer Aloysius Paulus Maria van Gaal, besser bekannt unter seinem Rufnamen Louis, heiratet am 4. Juli seine Verlobte Fernanda Obbes. Die beiden bekommen zwei Töchter, Brenda und Renate, und verbringen ihr Leben gemeinsam, bis Fernanda im Alter von 39 Jahren an Krebs stirbt. 2008 heiratet Louis seine zweite Frau Truus.

Ebenfalls am 4. Juli geben sich Major Andrew Parker Bowles und Camilla Shand das Jawort. Er hatte zuvor unter anderem eine Beziehung mit der britischen Prinzessin Anne, sie mit deren Bruder Prinz Charles. Das Ehepaar bekommt zwei Kinder, Tom und Laura, und lässt sich 1995 scheiden. Beide gehen danach neue Ehen ein.

HOCHZEITEN DES JAHRES

Der Schauspieler Joachim Hansen und die Lehrerin Agnes Schmider heiraten am 1. August 1973 in Salzburg. Doch die Ehe hält nicht lange. In den 80er-Jahren heiratet Hansen erneut und wandert mit seiner neuen Frau Marion nach Kanada aus, wo er den Rest seines Lebens verbringt.

Der Fußballer Uli Hoeneß heiratet am 18. November seine Susanne, die er schon seit dem 15. Lebensjahr kennt. Die Trauung findet in Rottach-Egern am Tegernsee statt. Das Paar ist bis heute verheiratet und kann wie ihr dieses Jahr seine goldene Hochzeit feiern. Uli und Susanne haben zwei Kinder und vier Enkelkinder.

Die Promi-Hochzeit des Jahres findet am 14. November in London statt. Hier heiraten die Tochter der Queen, Prinzessin Anne, und der Vielseitigkeitsreiter Mark Phillips. Sie bekommen die beiden Kinder Peter und Zara. Nach einer Affäre ihres Mannes lässt sich Anne 1992 scheiden. Noch im selben Jahr heiratet sie Timothy Laurence, mit dem sie bis heute zusammen ist.

Autofahren in Zeiten der Ölkrise

LEERE STRASSEN

Für die „Auto-Nation" Deutschland ist 1973 kein leichtes Jahr. Durch die Ölkrise wird Autofahren nicht nur teuer – die Benzinpreise steigen rapide –, sondern im November sogar zeitweise unmöglich. Um Benzin zu sparen, verhängt die Regierung an vier Sonntagen Fahrverbote für Pkw und Lkw. Außerdem werden vorübergehende Tempolimits von 80 Stundenkilometern auf Landstraßen und 100 Stundenkilometern auf Autobahnen eingeführt. Kein Wunder also, dass sich immer mehr Menschen nach Alternativen umsehen. Leider wirkt sich das daraus resultierende veränderte Kaufverhalten direkt auf die deutsche Wirtschaft aus. Neben den Autoherstellern geraten auch die Zuliefererfirmen in die Krise und müssen ihre Mitarbeiter in Kurzarbeit schicken oder im schlimmsten Fall sogar entlassen. Um dieser Entwicklung entgegenzuwirken, werben viele Automarken mit besonders sparsamen Modellen. Was bis vor Kurzem für viele Käufer aus Prestigegründen noch keine Option gewesen wäre, zieht plötzlich als Verkaufsargument und so sind es hauptsächlich Kleinwagen, die jetzt noch Käufer finden. Allen voran der „Sparkäfer" 1200, den VW als den „Käfer der Stunde" bewirbt. Aber auch Opel rüstet seine Modelle Ascona, Kadett und Manta auf niedrigeren Verbrauch um, um wettbewerbstauglich zu bleiben.

IMMER MEHR

In der BRD sind mittlerweile 21,9 Millionen Pkw zugelassen, das heißt, auf drei Bürger kommt ein Auto. In der DDR sind es 1,54 Millionen Pkw, das sind zehn Bürger pro Auto.

MEILENSTEIN

Am 22. November läuft in Zwickau der Millionste Trabant vom Band. Der „Trabbi" ist für die meisten DDR-Bürger der einzige verfügbare Pkw, allerdings müssen sie sich auf jahrelange Wartezeiten von der Bestellung bis zur Auslieferung einstellen.

WISST IHR'S?

Welches Verkehrsmittel profitiert besonders von der Krise?

Antwort:
Das Fahrrad: Fahrradverkäufe steigen um 25 Prozent.

MEHR PLATZ

Die Sonntagsfahrverbote kommen vor allem Kindern und Radfahrern zugute, die auf einmal wieder viel Platz in den Städten haben und keine Autounfälle befürchten müssen.

Fiktive Dokus und reale Spielfilme

FERNSEHAUFREGER 1973

Dicke Luft über dem Ruhrgebiet. Wegen Smogalarm wird die Industrie stillgelegt, es kommt zu Panik auf den Straßen, bei Verkehrsunfällen kommen Menschen ums Leben. Heute würde man die WDR-Produktion „Smog" wohl als „Mockumentary" bezeichnen. Als der Film 1973 in der ARD läuft, ist sein fiktionaler Charakter aber längst nicht allen Zuschauern bewusst. Viele besorgte Bürger rufen beim Sender an, weil sie befürchten, dass die Bilder der katastrophalen Umstände im Ruhrgebiet die Realität abbilden.
Der zweite Aufreger des Jahres ist die Fernsehausstrahlung des Films von Rosa von Praunheim „Nicht der Homosexuelle ist pervers, sondern die Situation, in der er lebt". Hier ist der erste Bildschirmkuss zwischen zwei Männern zu sehen. Allerdings nicht überall. Neben dem „Tal der Ahnungslosen" in der DDR, wo kein Westfernsehen empfangen werden kann, kommen auch die Bayern nicht in den Genuss des Films, weil der BR die Ausstrahlung boykottiert.
Friedlicher geht es beim Fernsehen der DDR zu. Hier startet dieses Jahr das politische Jugendmagazin „rund", das vor allem durch die Musikbeiträge internationaler Künstler zahlreiche Zuschauer anlockt.

SPRACHROHR

Der im Auftrag des WDR gedrehte Film von Rosa von Praunheim zeigt die Alltagsrealität schwuler Männer in Deutschland kurz nach der Entkriminalisierung der Homosexualität.

WER WAR ES?

Dieses Jahr läuft die letzte Folge der Serie „Dem Täter auf der Spur", einer Krimireihe zum Mitraten. Obwohl die Episoden immer in Frankreich spielen, sind sie ausschließlich mit deutschen Schauspielerinnen und Schauspielern besetzt. Den Ermittler Inspektor Janot (rechts) spielt Karl Lieffen.

WISST IHR'S?

Wer war der Gastgeber der 1973 erstmals ausgestrahlten Talk-Sendung „Je später der Abend"?

Antwort: Dietmar Schönherr

KRITISCHER DENKER

Freunde des politischen Kabaretts dürfen sich freuen: 1973 startet Dieter Hildebrandt im ZDF seine Satire-Sendung „Notizen aus der Provinz".

Noch ein Fest

DAS WOODSTOCK DES OSTENS

Auch wenn für euch dieses Jahr nur ein Fest richtig von Bedeutung ist, versucht Ostberlin dennoch alles, um euch den Rang abzulaufen. Während der 10. Weltfestspiele der Jugend in Ostberlin wird die DDR plötzlich zu dem weltoffenen Land, das sich viele wünschen. Neun Tage lang gehört die Stadt der Jugend. Nicht nur aus der DDR, sondern aus der ganzen Welt sind Gäste angereist, die gemeinsam feiern. Die Veranstaltung steht unter dem Motto „Für antiimperialistische Solidarität, Frieden und Freundschaft". Es gibt ein breites Kulturprogramm an Konzerten, Sportveranstaltungen und Umzügen in der Stadt. Sogar die sonst so strenge Zensur wird ein wenig gelockert. Auf knapp 100 verschiedenen Bühnen geben Rockbands und sogenannte „Singeklubs" ihre Musik zum Besten. Die westdeutsche JUSO-Delegation darf sogar in öffentlichen Diskussionen liberale Werte vertreten. Da die FDJ mit so etwas schon gerechnet hatte, schult sie ihre Mitglieder im Vorhinein, damit sie den kapitalistischen Argumenten des Westens eloquent entgegentreten können.

INTERNATIONALE SOLIDARITÄT

Offiziell treffen sich in Berlin 25.600 Teilnehmer aus 140 Staaten. Ostberlin platzt aus allen Nähten, denn zusätzlich zu den Teilnehmern kommen acht Millionen Besucher in die Stadt.

KNALLIG BUNT

Mehr Hippie war nie in der DDR. Die vielen bunten Vögel während der Paraden wären in dieser Aufmachung sonst weniger gern gesehen.

FRÖHLICH SEIN UND SINGEN

Der lockere Umgangston herrscht nicht nur unter den Jugendlichen, sondern wirkt geradezu ansteckend. Da kann es schon mal vorkommen, dass Feiernde mit NVA-Soldaten sozialistische Lieder singen.

Slogans für die Ewigkeit

DIE BUNTE WELT DER WERBUNG

Im Vergleich zu heute werdet ihr von Fernsehen und Radio nur moderat mit Werbung beschallt, denn im öffentlich-rechtlichen Rundfunk und Fernsehen sind Werbezeiten streng reglementiert und Privatfernsehen gibt es noch nicht. Aber Werbebotschaften auf Plakatwänden und in Illustrierten können sich manchmal genauso gut einprägen wie ein freundliches „Sie baden gerade ihre Hände darin" im Fernsehspot. Und so lasst ihr euch vielleicht auch davon überzeugen, dass Bac „für alle da" ist, mit Tosca „die Zärtlichkeit kam" und man bei Persil „weiß, was man hat".
Eine besondere Werbekampagne fährt Jägermeister dieses Jahr. Es werden Prominente und Otto Normalverbraucher auf Plakaten abgebildet, die jeweils einen Grund angeben, weshalb sie jetzt einen Kräuterlikör trinken. 3.500 Motive hat die Werbekampagne und jedes Gesicht erscheint nur ein einziges Mal in einer Zeitschrift, Zeitung oder auf einer Plakatwand. Mit Sprüchen wie „Ich trinke Jägermeister, weil es nicht sicher ist, dass er bei meinem Mann sicher ist" wird die Werbeaktion schnell Kult und die Anzeigen avancieren zum Sammelobjekt.

AUF DER HÖHE DER ZEIT

Habt ihr es auch gekauft, das Waschmittel der 70er-Jahre?

SCHNEELANDSCHAFT IN DER BADEWANNE

Badusan, die Schaumbad-Marke der DDR, wirbt 1973 mit dieser Anzeige.

WISST IHR'S?

Welche Marke wirbt mit „der wilden Frische von Limonen"?

Antwort:
Die Seife Fa

WAPPENTIER

Eigentlich ist Trikotwerbung in der Bundesliga noch verboten. Eintracht Braunschweig umgeht 1973 als erster Verein dieses Verbot, indem er kurzerhand das Jägermeisterlogo ins Vereinswappen einbaut.

1973

UN-BEITRITT

Der im Jahr zuvor geschlossene Gundlagenvertrag, der die Beziehungen zwischen der BRD und der DDR regelt, wird in der ersten Jahreshälfte 1973 von beiden Ländern ratifiziert. Im Anschluss daran treten die DDR als 133. und die BRD als 134. Mitgliedsstaat im September den Vereinten Nationen bei.

VIERTER ARABISCH-ISRAELISCHER KRIEG

Am 6. Oktober starten Syrien und Ägypten auf den Golanhöhen und der Sinai-Halbinsel einen Überraschungsangriff auf Israel. Da er während des höchsten jüdischen Feiertags, Jom Kippur, erfolgt, hat Israel zunächst Schwierigkeiten, seine Streitkräfte zu mobilisieren. Schon 18 Tage später endet die vierte kriegerische Auseinandersetzung im Nahostkonflikt. Sie wird zum Auslöser der Ölkrise, deren Auswirkungen die westlichen Staaten dieses Jahr zu spüren bekommen.

WAS SONST NOCH GESCHAH

MILITÄRPUTSCH

Am 11. September putscht das chilenische Militär gegen den amtierenden, demokratisch gewählten Präsidenten Salvador Allende und errichtet eine Militärdiktatur unter Augusto Pinochet. Allende nimmt sich das Leben, an die 4.000 Menschen aus vor allem linken Kreisen werden getötet, viele weitere werden verschleppt und verschwinden spurlos. In DDR und BRD kommt es zu öffentlichen Solidaritätsbekundungen mit der chilenischen Demokratiebewegung.

SCHNELLE HILFE IN NOT

1969 kommt der 8-jährige Björn Steiger nach einem Verkehrsunfall ums Leben, weil der Krankenwagen erst über eine Stunde nach Absetzen des Notrufes am Unfallort eintrifft. Zu diesem Zeitpunkt gibt es in der BRD noch keine einheitlichen Notrufnummern. In der Folge setzen sich Björns Eltern für die Einrichtung eines zentralen Notrufsystems ein, das 1973 schließlich bundesweit eingeführt wird. Seitdem erreicht man über 110 die Polizei und über 112 Feuerwehr und Rettungsdienst. In der DDR sind diese Nummern schon seit 1958 einheitlich gültig, jedoch gibt es die 112 für den Rettungsdienst dort erst seit der Wiedervereinigung.

1973 IHR HEIRATET

1973 – 2023

1974 RUMBLE IN THE JUNGLE

Als erstes sportliches Großereignis Afrikas findet in Zaire der Jahrhundert-Boxkampf zwischen George Foreman und Muhammad Ali statt. Der Außenseiter Ali schlägt vollkommen unerwartet den als unbesiegbar geltenden Foreman.

1975 INTERNATIONALES JAHR DER FRAU

Die Vereinten Nationen rufen 1975 das Internationale Jahr der Frau aus. In Island beteiligen sich 90 Prozent aller Frauen an einem Frauenstreik, der das öffentliche Leben einen Tag lang zum Stillstand bringt.

1976 IN EINEM UNBEKANNTEN LAND

Die „Biene Maja" kommt ins Fernsehen. Das ZDF sendet zunächst eine Staffel der Zeichentrickserie. Nachdem die Zuschauer ihre Begeisterung äußern, wird eine zweite Staffel produziert.

1977 DEUTSCHER HERBST

Am 5. September entführen Terroristen der RAF Arbeitgeberpräsident Hanns Martin Schleyer. Am 18. Oktober wird er ermordet. Die Geiselnahme ist der Höhepunkt des linken Terrorismus im sogenannten Deutschen Herbst.

1978 DER HEILIGE STUHL

Nach nur 33 Tagen im Amt stirbt Papst Johannes Paul I. völlig überraschend. Sein Nachfolger ist nach 400 Jahren zum ersten Mal kein Italiener mehr, sondern Pole. Der Erzbischof von Krakau, Karol Wojtyła, wird als Johannes Paul II. vom Konklave zum Papst gewählt.

1979 FRAU AN DER MACHT

Margaret Thatcher wird die erste weibliche Premierministerin des Vereinigten Königreiches. Sie ist gleichzeitig die erste weibliche Regierungschefin in Europa.

1980 EIN OSCAR FÜR OSKAR

Als erster deutscher Film erhält „Die Blechtrommel" von Volker Schlöndorff einen Oscar in der Kategorie Bester fremdsprachiger Film.

1981 EIN NEUES ZEITALTER

IBM stellt mit dem IBM 5150 den ersten Personal Computer (PC) vor. Er hat noch keine Festplatte, sondern lediglich bis zu zwei Diskettenlaufwerke. Wirklich erschwinglich sind diese frühen Computer noch nicht. Gemessen an der heutigen Kaufkraft kostete ein IBM PC rund 8.800 Euro.

1982 REGIERUNGSWECHSEL

Bundeskanzler Helmut Schmidt verliert durch ein konstruktives Misstrauensvotum sein Amt. Sein Nachfolger wird der CDU-Politiker Helmut Kohl.

1983 STERN-AFFÄRE

Der Stern veröffentlicht Auszüge aus vermeintlichen Hitler-Tagebüchern. Kurze Zeit später wird klar: Die Journalisten sind einem Betrüger aufgesessen. Die Tagebücher stammen aus der Feder des Kunstfälschers Konrad Kujau, der sie dem Magazin für 9,3 Mio. DM verkauft hatte.

1984 KONTROVERSE

Nach vielen Diskussionen um die Zukunft des deutschen Fernsehens startet 1984 in Deutschland das Privatfernsehen. Die neuen Sender Sat. 1 und RTL finanzieren sich nicht über Rundfunkgebühren, sondern über Werbeeinnahmen.

1985 VERSENKT

Am 10. Juli versenkt der französische Geheimdienst das Greenpeace-Schiff „Rainbow Warrior" im Hafen von Auckland. Bei den Explosionen kommt der Greenpeace-Fotograf Fernando Pereira ums Leben.

1986 SUPER-GAU

Nach einer Kernschmelze kommt es im ukrainischen Atomkraftwerk Tschernobyl zum Super-GAU. Die freigesetzte Strahlung verseucht nicht nur die unmittelbare Umgebung, sondern gelangt mit dem Regen auch bis nach Deutschland.

1987 RISKANT

Der deutsche Hobbypilot Mathias Rust landet mit seiner Cessna auf dem Roten Platz in Moskau. Für das unerlaubte Eindringen in den sowjetischen Luftraum wird er zu vier Jahren Lagerhaft verurteilt, kann aber nach 14 Monaten nach Deutschland zurückkehren.

1988 SENSATIONSFUND

Archäologen graben in Niederösterreich „Fanny – die tanzende Venus vom Galgenberg" aus. Das Figürchen stellt sich als damals älteste bekannte Statue der Menschheitsgeschichte heraus und ist um die 30.000 Jahre alt.

1989 MAUERFALL

Am 9. November öffnet die DDR ihre Grenzen zur BRD. Tausende strömen in den Westen und feiern auf der verhassten Mauer ihre neu gewonnene Freiheit. Ein Jahr später wird Deutschland wiedervereint.

1990 ZWEIMAL FEIERN

Der 17. Juni wird zum letzten Mal als arbeitsfreier Feiertag begangen. Am 3. Oktober wird zum ersten Mal der „Tag der Deutschen Einheit" gefeiert, der künftig den 17. Juni als Nationalfeiertag ersetzt.

1991 IMMER SCHNELLER

Die Deutsche Bahn nimmt die ersten Hochgeschwindigkeitstrassen in Betrieb. Der ICE erreicht Spitzengeschwindigkeiten von fast 300 km/h.

1992 BRANDSTIFTUNG

In Rostock-Lichtenhagen stecken Rechtsradikale ein Asylbewerberheim in Brand. Die Aktion wird von tausenden Schaulustigen und Sympathisanten begleitet, erst nach Tagen gelingt es der Polizei, die Situation unter Kontrolle und die Bewohner in Sicherheit zu bringen.

1993 NEUE POSTLEITZAHLEN

Ab 1. Juli gelten die neuen fünfstelligen Postleitzahlen. Die Umstellung von vier auf fünf Ziffern war durch die Wiedervereinigung notwendig geworden, da rund 800 Orte in Ost und West identische Postleitzahlen hatten.

1994 EPOCHALE WENDE

Nelson Mandela wird zum ersten schwarzen Präsidenten Südafrikas gewählt. Die Wahl ist ein Symbol für das endgültige Ende der Apartheid.

1995 VERKLEIDET

Das Künstlerpaar Christo und Jeanne-Claude verhüllt den Berliner Reichstag. Das Projekt hatte 23 Jahre Vorlaufzeit und lockt Besucher aus der ganzen Welt nach Berlin.

1996 VERHAFTET

In Belgien werden Marc Dutroux und zwei Komplizen festgenommen – zunächst nur im Zusammenhang mit der Entführung zweier Mädchen. Im Laufe der Ermittlungen enthüllt die Polizei ein unvorstellbares Ausmaß an Grausamkeit, das Entführung, sexuellen Missbrauch sowie Mord umfasst.

1997 TRAGISCHER TOD

Prinzessin Diana, die Exfrau des britischen Thronfolgers Prinz Charles, kommt bei einem Autounfall in einem Pariser Tunnel ums Leben. Ihr Fahrer hatte zuvor versucht, eine Gruppe Paparazzi abzuhängen. Das Staatsbegräbnis in London wird weltweit live übertragen und zu einem der größten Medienereignisse der Geschichte.

1998 ROT-GRÜN

Gerhard Schröder wird Regierungschef der ersten rot-grünen Bundesregierung. Er löst Helmut Kohl nach 16 Jahren als Bundeskanzler ab.

1999 BLACKOUT

Der CDU-Schatzmeister Walther Leisler Kiep wird wegen Steuerhinterziehung angeklagt. Im Zuge der Ermittlung kommt es zur sogenannten CDU-Spendenaffäre. Der ehemalige Bundeskanzler Helmut Kohl muss zugeben, in seiner Regierungszeit unversteuerte Parteispenden angenommen zu haben. Die Namen der Spender gibt er nicht preis.

2000 KEINE PANIK

Im Jahr 1999 zittert die Welt vor dem Millennium-Bug. Die sechsstelligen Datumsanzeigen vieler EDV-Systeme könnten beim Jahreswechsel 1999/2000 Probleme haben. Doch zum Glück kommt es zu keinen größeren Zwischenfällen.

2001 9/11

Islamistische Terroristen entführen vier Flugzeuge und verüben Anschläge auf öffentliche Einrichtungen der USA – unter anderem auf die Türme des World Trade Centers in New York. Insgesamt sterben bei den Anschlägen über 3.000 Menschen.

2002 NEUE WÄHRUNG

Zum 1. Januar wird in der Eurozone die neue gemeinsame Währung eingeführt. Bereits 1999 wurde der bargeldlose Zahlungsverkehr auf Euro umgestellt. In Deutschland ist nach der Umstellung oft vom „Teuro" die Rede, weil der Handel die Chance ergreift, seine Preise zu erhöhen.

2003 JAHRHUNDERT-SOMMER

Der Sommer 2003 sprengt sämtliche Rekorde. Im August liegen die Mittelwerte teilweise sechs Grad über dem gewöhnlichen Monatsmittel.

2004 GEFÄLLT MIR

An der Harvard-Universität startet der junge Student Mark Zuckerberg eine Internet-Plattform für seine Kommiliton*innen. Es ist der Grundstein des späteren sozialen Netzwerks Facebook, das heute weit über zwei Milliarden Mitglieder zählt.

2005 MAHNMAL

In Berlin wird das Denkmal für die ermordeten Juden Europas eingeweiht. Auf dem Areal in der historischen Mitte Berlins, in der Nähe des Brandenburger Tors, wurden 2.711 unterschiedlich große Betonstelen errichtet.

2006 ENDLICH FREI

Am 23. August kann die 18-jährige Natascha Kampusch nach 3.096 Tagen Gefangenschaft flüchten. Sie war im Alter von 10 Jahren auf dem Weg zur Schule entführt worden. Ihr Entführer stirbt kurz nach ihrer Flucht.

2007 WETTERKAPRIOLEN

In diesem Jahr wird Europa von Hitzewellen, Überschwemmungen und Stürmen heimgesucht. Der schwerste Sturm, der über Deutschland hinwegfegt, ist Orkan Kyrill.

2008 FINANZKRISE

Die US-amerikanische Bank Lehman Brothers meldet Insolvenz an.
Die Weltwirtschaft, die schon seit 2007 in einer Krise steckt, wird dadurch nochmals schwer getroffen.

2009 FRÜHER TOD

Michael Jackson, der „King of Pop", stirbt am 25. Juni im Alter von 50 Jahren. Als Todesursache wird eine Vergiftung mit dem Narkosemittel Propofol ermittelt, das Jackson gegen seine Schlafstörungen genommen hatte. Sein Leibarzt wird 2010 wegen fahrlässiger Tötung verurteilt.

2010 GRUBENUNGLÜCK VON SAN JOSÉ

Nach einem Bergschlag ist in einer Kupfer- und Goldmine in Chile eine Gruppe von Bergleuten eingeschlossen. Eine Suchbohrung befördert das erste Lebenszeichen ans Tageslicht: An dem Bohrkopf haben die Eingeschlossenen einen Zettel befestigt mit der Aufschrift „Uns 33 geht es im Schutzraum gut". Nach mehr als zwei Monaten können sie in einer aufwändigen Rettungsaktion befreit werden.

2011 VERSTRAHLT

Nach einem Erdbeben kommt es in Japan zu einem Tsunami, der weite Teile des Landes verwüstet. Auch das Kernkraftwerk Fukushima wird schwer beschädigt. Bei einer Explosion treten große Mengen radioaktiver Strahlung aus.

2012 DAS ENDE DER WELT

Nach dem Maya-Kalender bricht am 21. Dezember eine neue Zeitrechnung an. Dieses Datum ist Anlass für viele nicht ganz ernst gemeinte Weltuntergangsszenarien in den Medien. Wie erwartet bleibt das Großereignis aus.

2013 WHISTLEBLOWER

Edward Snowden, ehemaliger Mitarbeiter des US-Geheimdienstes NSA, enthüllt Spionagepraktiken der amerikanischen und britischen Geheimdienste. Monatelang befindet er sich auf einer spektakulären Flucht vor den Behörden, bis er in Russland Asyl erhält.

2014 'SCHLAND!

Bei der Fußballweltmeisterschaft in Brasilien wird die deutsche Mannschaft unter Trainer Jogi Löw Weltmeister. Legendär das Halbfinale Deutschland gegen Brasilien: Die Heimmannschaft wird mit 7:1 Toren vom Platz gefegt.

2015 PERSON OF THE YEAR

Das US-amerikanische Time Magazine ernennt Angela Merkel zur „Person of the Year 2015". Auf dem Cover der Zeitschrift erscheint ein extra zu diesem Anlass in Auftrag gegebenes Ölgemälde der deutschen Bundeskanzlerin.

2016 CAUSA BÖHMERMANN

Nachdem ein auf den türkischen Präsidenten Recep Tayyip Erdoğan abzielender Beitrag der Sendung „extra 3" zu diplomatischen Verstimmungen führt, legt der ZDF-Moderator Jan Böhmermann nach und veröffentlicht in seiner Satiresendung ein Schmähgedicht auf Erdoğan, um die Grenzen der Pressefreiheit aufzuzeigen. Erdoğan leitet daraufhin rechtliche Schritte wegen Beleidigung ein.

2017 BREXIT

Entgegen allen Prognosen stimmen die Briten in einem Referendum im Sommer 2016 überraschend für den Austritt aus der EU. Es ist der erste Fall in der Geschichte der EU, in dem ein Land den Staatenbund verlassen möchte. Im Frühjahr 2017 beginnen die Austrittsverhandlungen.

2018 MARCH FOR OUR LIVES

Nach einem Schulmassaker in Parkland, Florida, mit 17 Toten schließen sich landesweit Schülergruppen und Unterstützer zu einer Protestbewegung zusammen, die für härtere Waffengesetze in den USA eintritt und fordert, dass sich die Regierung von der starken Waffenlobby distanziert.

2019 GROSSBRAND

Am Abend des 15. April bricht in Notre-Dame de Paris ein Feuer aus. Den rund 600 Rettungskräften gelingt es erst in den Morgenstunden des darauffolgenden Tages, den Brand vollständig zu löschen. Das Unglück löst internationale Anteilnahme aus, die weitläufigen Spendenaktionen für den Wiederaufbau der Kathedrale erfahren jedoch auch vehemente Kritik.

2020 COVID-19-PANDEMIE

Ende 2019 entwickelt sich ein neuartiges Coronavirus in China zur Epidemie und breitet sich 2020 binnen weniger Monate über die ganze Welt aus. Vielerorts werden strenge Hygienevorschriften und Kontaktbeschränkungen verhängt, um die Verbreitung der Atemwegserkrankung einzudämmen.

2021 PRÄSIDENT JOE BIDEN

Am 20. Januar wird Joe Biden als 46. Präsident der Vereinigten Staaten vereidigt. Während sein Amtsvorgänger Donald Trump nach dem Motto „America First" regierte, verspricht Biden eine Rückkehr zu mehr internationaler Kooperation – etwa beim Klimaschutz-Übereinkommen von Paris oder bei der Unterstützung der WHO.

2022 ÜBERFALL AUF DIE UKRAINE

Am 24. Februar beginnt Russland auf Befehl von Präsident Wladimir Putin mit einem großangelegten Überfall auf die Ukraine. Von russischer Seite wird der Krieg immer wieder als eine „militärische Spezialoperation" kleingeredet. Der Westen reagiert auf die Kriegshandlungen mit Waffenlieferungen an die Ukraine und Wirtschaftssanktionen gegen Russland.

2023 IHR FEIERT GOLDENE HOCHZEIT!

50 gemeinsame Jahre

SCHÖN WAR DIE ZEIT!

Seit einem halben Jahrhundert teilt ihr nun schon euer Leben miteinander, habt alle Höhen und Tiefen gemeinsam erlebt. Auf den vergangenen Seiten konntet ihr euch vor Augen führen, was in dieser langen Zeit alles passiert ist und wie sich die Welt um euch verändert hat. Auf dieser Doppelseite ist noch ein wenig Platz für eure persönlichen Erinnerungen: Fotos von damals und heute, Glückwünsche von Familie und Freunden oder auch Anekdoten aus eurer gemeinsamen Zeit.

Bildnachweis:
Coverfoto: Rita Strothjohann / Süddeutsche Zeitung Photo; Hintergrund: Shutterstock.com
Alle Innenteilabbildungen: picture alliance; Hintergründe und Dekoelemente: Shutterstock.com

Ein Imprint der Verlagsgruppe Droemer Knaur GmbH & Co. KG, München
Gesamtgestaltung: Karin Etzold
Text und Bildauswahl: Anna Pezold, Neumann & Kamp Historische Projekte
Lektorat: Dr. Bettina Bruckbauer
Redaktion: Katharina Hepp, Pattloch Verlag
Gesamtherstellung: AZ Druck und Datentechnik GmbH, Kempten

ISBN 978-3-629-00649-3
www.geschenkverlage.de
5 4 3 2 1

FSC www.fsc.org
MIX
Papier aus verantwortungsvollen Quellen
FSC® C008457